BEI GRIN MACHT SICH IHR
WISSEN BEZAHLT

- Wir veröffentlichen Ihre Hausarbeit,
  Bachelor- und Masterarbeit

- Ihr eigenes eBook und Buch -
  weltweit in allen wichtigen Shops

- Verdienen Sie an jedem Verkauf

Jetzt bei www.GRIN.com hochladen
und kostenlos publizieren

Bibliografische Information der Deutschen Nationalbibliothek:

Die Deutsche Bibliothek verzeichnet diese Publikation in der Deutschen National-
bibliografie; detaillierte bibliografische Daten sind im Internet über http://dnb.d-
nb.de/ abrufbar.

Impressum:

Copyright © 2008 GRIN Verlag, Open Publishing GmbH
Druck und Bindung: Books on Demand GmbH, Norderstedt Germany
ISBN: 9783656447290

Dieses Buch bei GRIN:

http://www.grin.com/de/e-book/147820/neorealismus-ist-kooperation-moeglich

Stephan Ursuleac

Neorealismus - ist Kooperation möglich?

GRIN Verlag

Helmut-Schmidt- Universität/Universität der Bundeswehr
Fachbereich für Internationale Politik
Seminar: Theorien der Internationalen Politik
FT 2008

Ausarbeitung

„Neorealismus – ist Kooperation möglich?"

vorgelegt von:
Stephan Ursuleac

Inhalt:

1. Einleitung

Der Neorealismus ist eine Theorieschule, welche sich in der zweiten Hälfte des 21. Jh. aus dem durch Carr und Morgenthau begründeten Realismus entwickelt hat.

Darin ringen Staaten um Macht und um die Maximierung von Sicherheit. Die Theorie soll klären, inwieweit dieses Sicherheitsdilemma überwunden werden kann und welche Handlungsoptionen die Akteure im außenpolitischen Prozess besitzen. Ihre Entstehungszeit befindet sich auf dem Höhepunkt des Ost- Westkonfliktes.

Bei der Umsetzung dieser Theorie tritt insbesondere Kenneth N. Waltz in den Vordergrund, welcher mit seinem strukturellen Neorealismus diese Theorie maßgeblich gestaltet hat.

Spricht man vom Neorealismus, so wird Waltz als der typische Vertreter dieser Theorie genannt, da seine Überlegungen, aufgrund ihrer einfachen Darstellung, die meisten Verbreitungen in der Literatur finden.

Neben ihm existieren noch weitere Vertreter, wobei in diesem Bericht nur Stephen Walt und Robert Gilpin zur Beantwortung der Fragestellung herangezogen werden.

Dabei ist die Fragestellung, ob Kooperation im Neorealismus möglich ist, nicht ohne Schwierigkeiten zu bewältigen.

Die Literaturlage bietet hierzu meist nur die Erläuterungen von Waltz, als typischen Vertreter dieser Theorie.

Kooperation zwischen Staaten findet in seinen Überlegungen nur bedingt, wenn nicht sogar überhaupt nicht statt, womit eigentlich schon die Fragestellung als gelöst erscheint.

Jedoch bieten seine Erläuterungen auch Anlass zur Kritik, wobei nichts weniger als die Anwendbarkeit dieser Theorie auf unsere heutige Welt in Frage steht.

Dies führte zu Weiterentwicklungen des Neorealismus, wobei natürlich auch die Frage der Kooperationsmöglichkeiten zwischen den Staaten neu aufgerollt wurde.

Daher werde ich zunächst den Neorealismus nach Waltz in seinen Grundüberlegungen und den daraus resultierenden Folgen skizzieren und daran die Möglichkeiten zur Kooperation untersuchen.

Im Anschluss werde ich mich mit der Kritik an dieser Theorie und den Neuansätzen des Neorealismus durch Walt und Gilpin befassen, um die Fragestellung klären zu können.

2. Ist Kooperation im Neorealismus möglich?

Für Waltz ist das Problem der Kooperation von Akteuren miteinander oder deren Verweigerung eine zentrale Fragestellung im Neorealismus.

Er untersucht die Theorie hinsichtlich von Faktoren, die über Krieg und Frieden entscheiden.

Dabei skizziert er drei Analyseebenen. Die erste Ebene hat das Individuum zur Grundlage, wie beim Realismus. Die zweite Ebene untersucht das politische System, inwieweit innenpolitische Prozesse das außenpolitische Verhalten beeinflussen. Die dritte Ebene setzt bei der Struktur des internationalen Systems an.

Die ersten beiden Ebenen können nach Waltz jedoch nicht das Verhalten von unterschiedlichen Staaten im internationalen System erklären und führen aufgrund von zu vielen Variablen, welche durch innenpolitische Prozesse entstehen, zu keinem Ergebnis.

Daher konzentriert er sich auf die dritte Ebene des internationalen Systems, um das Verhalten von Staaten im außenpolitischen Prozess zu erklären.[1]

Dabei geht er davon aus, dass das internationale System anarchisch gegliedert ist, d.h. es gibt keine übergeordnete Autorität. In diesem System agieren souveräne Staaten als Akteure, welche dem Selbsthilfeprinzip unterliegen. Dabei müssen sie stets für ihre Sicherheit sorgen, indem sie rüsten oder Bündnisse und Gegenbündnisse mit anderen Staaten eingehen.

Die Staaten verfügen über ein gefestigtes Inneres und können somit nach Außen ihre Interessen durchsetzen. Im System sind alle Staaten gleichberechtigt, es besteht jedoch untereinander ein Unterschied bezüglich ihrer Machtpotentiale. Der Verteilung von Macht kommt daher zentrale Bedeutung zu. Machtgleichgewichte können sich nur durch die Bildung von Allianzen und Gegenallianzen bilden, wobei eine bipolare Weltordnung, d.h. zwei zentrale Supermächte, am besten für eine friedenserhaltende Konstellationen geeignet sind.[2] Eine weitere Möglichkeit der Mächtekonstellation wäre eine unipolare Ordnung, wobei ein dominierender Hegemon das internationale System bestimmt, wodurch sich schwächere Staaten gegen diesen Hegemon verbünden würden, um eine „balance of power" herzustellen. Weiterhin gibt es noch die multipolare Ordnung, in der jeder Staat durch viele andere Staaten bedroht werden kann. Diese Ordnung ist am anfälligsten für Kriege, da sie sehr instabil ist.[3]

In dieser Darstellung durch Waltz streben also alle Akteure nach der Maximierung der eigenen Sicherheit, wodurch Kooperation nur bedingt möglich ist, da die Kooperationspartner sonst mehr

---

1 Marx, Johannes, 2006, Vielfalt oder Einheit der Theorien in den Internationalen Beziehungen, Baden- Baden, Nomos Verlagsgesellschaft, S. 144-145
2 Riemer, Andrea, 2006, Theorien internationaler Beziehungen und neue methodische Ansätze, Frankfurt am Main, Europäischer Verlag der Wissenschaften, S. 56-57
3 Marx, S.148-149

gewinnen könnten als sie selbst. Gewinnen die Staaten also mehr als ihre Partner, kooperieren sie.[4] Somit erstreckten sich nach Waltz die Kooperationsmöglichkeiten lediglich auf Balancing- Prozesse zum Machtausgleich zwischen den Staaten. Kooperation passt nicht in das Schema der Sicherheitsmaximierung und des damit verbundenen Selbsthilfesystems, da die Staaten hier Gefahr laufen von Anderen durch diese Kooperation abhängig oder betrogen zu werden. [5]

Somit besteht die Gefahr, dass der Kooperationspartner durch seine erzielten Gewinne an Macht zunimmt und die eigene Stellung im System zu Ungunsten des anderen Partners ausbaut.

Einzige weitere Möglichkeit zur Kooperation im Neorealismus bietet eine durch den Hegemon eingeleitete Kooperation. Dabei lässt der Hegemon andere Staaten für sich arbeiten, z.B. in Bereichen, wo eine alleinige Umsetzung von Projekten durch den Hegemon zu kostspielig erscheint. Das Ziel dabei, ist die gemeinsame Wohlfahrt zu steigern. Der Hegemon übernimmt dabei den Löwenanteil der Kosten, bietet seinen Schutz an und gibt den beteiligten Staaten weitere Anreize.[6] Als Beispiel könnte hier das Raketenabwehrsystem der USA dienen, welche als Hegemon die vermeintlich schwächeren Staaten Europas zur Kooperation verleitet, indem sie verspricht Europa durch dieses System vor anfliegenden Raketen zu schützen, den Großteil der Kosten übernimmt und den europäischen Staaten, welche sich besonders bei der Umsetzung des Projektes hervortun, eine privilegierte Stellung in den Beziehungen zu den USA einräumen.

Die Kritik an der Theorie von Waltz entsteht durch die Veränderungen nach dem Ende des Ost-Westkonflikts. Die bipolare Weltordnung ist zusammengebrochen und wir können einen vermehrten Einfluss von internationalen Organisationen, wie der VN oder der EU, auf das internationale System feststellen. Diese wären eigentlich nach Waltz vernachlässigbar. Es kommen nun Fragen auf, inwieweit nicht doch innenpolitische Aspekte Einfluss auf die Außenpolitik von Staaten haben, welchen Einfluss die IO's und andere Akteure auf das internationale System haben, welche Geltung souveräne Staaten in einer globalisierten Welt besitzen und ob Staaten wirklich zu einer „balance of power" Strategie neigen oder nicht doch eher zu „bandwagoning" tendieren.[7] Somit sind Weiterentwicklungen im Neorealismus notwendig, wobei zunächst die Erweiterung der Theorie durch Walt betrachtet wird.

Walt stellt sich der Frage, ob Staaten eher zu „balancing" oder zu „bandwagoning" neigen und ob Staaten wirklich nur ihre Sicherheit maximieren wollen oder nicht doch eine Maximierung von Macht anstreben. Zur ersten Frage kommt er zum Ergebnis, dass „balancing" empirisch belegbar ist, jedoch unter einem anderen Aspekt als Waltz. Ein „balancing" findet hier nicht aufgrund

---

4   Riemer, S. 57
5   Schörnig, Niklas, 2006, internationale Politik aus Neorealistischer Perspektive, Schieder, Spindler (Hrsg.), in: Theorien der Internationalen Beziehungen, 2. Auflage, Verlag Barbara Budrich, Opladen & Farmington Hills, S. 76-77
6   Schörnig, S. 77
7   Riemer, S. 57

objektiver Bedrohungslagen, z.B. durch größere Staaten statt, sondern durch eine subjektive Bedrohungslage, wobei größere Staaten nicht automatisch als Bedrohung für kleinere gelten müssen. Er verändert also die Theorie von Waltz, weg von „balance of power" hin zu einer „balance of threat" Theorie.

In der Praxis finden sich allerdings mehr Beweise für ein „bandwagoning".

Dabei scharen sich schwächere Staaten eher um den Hegemon, als seine Macht durch eine Gegenmachtbildung auszugleichen.

Nichts desto trotz geht Walt vom „balancing" aus, wobei er auch die Mittel zur Durchführung erweitert. Waltz geht stets nur von militärischer Macht aus. Walt hingegen erweitert diese Optionen um soft power Ansätze, er nennt dies „soft balancing."

Dabei kommen wirtschaftliche Mittel, Prestige und diplomatische Vernetzungen von Staaten zum Einsatz, um die Stellung im System auszubauen. Auch IO`s haben hier Möglichkeiten auf dieses System einzuwirken[8]

Dies impliziert förmlich eine Kooperation zwischen den Staaten, da sie in den IO`s eingebunden und vernetzt sind. Das persönliche Ansehen, wirtschaftliche und diplomatische Kontakte weisen eine hohe Interaktion der Akteure auf, welche nach meiner Ansicht nur durch Kooperation gekennzeichnet sein kann. Somit wird das Gefangenendilemma überwunden und Vertrauen aufgebaut.

Die Beantwortung der zweiten Frage von Walt, ob Staaten nicht eher zur Maximierung der Sicherheit durch den Ausbau von Macht neigen, ist verhältnismäßig kurz. Man unterscheidet defensive und offensive Neorealisten. Ein defensives Verhalten wird durch das Halten des Status Quo gesehen, wodurch der Staat seine Macht behält und somit keine Veränderung der Sicherheitslage eintritt. Beim offensiven Verhalten strebt man nach einer Maximierung der Sicherheit durch den Ausbau von Macht.[9] Es kommt also auf die Akteure selbst an.

Ein weiterer Autor bei der fortschreitenden Entwicklung des Neorealismus ist Gilpin. Er untersucht nicht wie Waltz, wie das internationale System stabilisiert wird, sondern, warum es zu einem Wandel in den internationalen Beziehungen kommt. Für Waltz gibt es nur zwei Möglichkeiten das System zu verändern. Entweder durch Veränderung oder Transformation. Bei der Veränderung nehmen Staaten lediglich Einfluss auf die Verteilung von Machtmitteln, bei einer Transformation des Systems wird das Anarchieprinzip zu Gunsten einer übergeordneten Kontrollinstanz überwunden, womit der Neorealismus als Theorie ausgedient hätte.

Gilpin geht in seinem Modell davon aus, dass alle Staaten über die Zeit hinweg ähnliche Probleme beim Zusammenleben im System entwickeln.

Sie wollen daher nicht nur eine Maximierung der Sicherheit sondern auch eine optimale

---

8 Schörnig, S. 80
9 Schörnig, S. 80

Wohlfahrtssteigerung und gegebenenfalls auch eigene ideologische Ziele umsetzen. Dabei agieren die Staaten im internationalem System in ständiger Interaktion zueinander und sie unterliegen einer gewissen Form der Kontrolle, z.B. durch Regelungen. Wie stark ein Staat in diesem System ist, hängt von materiellen sowie weichen Machtmitteln ab.[10] Somit ist auch hier Kooperation Voraussetzung, denn ständige Interaktion ohne Kooperation würde schnell zu Konflikten unter den Akteuren führen.

Abschließend bleibt zu sagen, dass das Theoriemodell von Waltz nicht als statische Einheit betrachtet werden sollte. In Form der ökonomischen Analyse, welche sich mit der Kritik am Neorealismus auseinandersetzt, wird der Neorealismus in eine Kernthese und in weitere Zusatzannahmen unterteilt. Die Zusatzannahmen können mit zur Kernthese stoßen, wenn sie sich empirisch belegen lassen. Ansonsten sind diese Annahmen austauschbar.

So besteht die Kernthese des Neorealismus lediglich aus der Annahme der Anarchie des internationalen Systems und dem Grundinteresse der Staaten zu überleben, indem sie ihre Sicherheit maximieren.

Alle anderen Annahmen, wer die Akteure im Neorealismus sind und wie sich diese bei bestimmten Konstellationen verhalten, sind nur Hypothesen, die veränderbar sind.[11]

3. Endbetrachtung

Der Neorealismus hat gezeigt, dass er viele Facetten aufweisen kann.

Hinsichtlich der Frage, ob hier Kooperation zwischen den Akteuren stattfinden kann, befindet Waltz, als klassischer Neorealist, dies nur unter den bedingten Umständen von Allianzbildungen oder „bandwagoning", in Form von hegemonialer Kooperation, als möglich.

Die Gefahr für die Akteure besteht darin betrogen zu werden, sich in Abhängigkeiten zu begeben oder sogar den Partnern mehr Gewinne zuzuführen, was mit einem Machtzuwachs derer verbunden ist und somit zur Verringerung von eigener Sicherheit führt. Beim „bandwagoning"hingegen ist eine Kooperation für alle Akteure vorteilhaft und durchführbar. Alle Akteure erringen auf ihrer Ebene Vorteile, ohne eine Machtverschiebung zu erzeugen. In den Neuansätzen der Theorie von Walt und Gilpin kommen neben den klassischen Machtmitteln, wie militärische Stärke, auch noch soft power Ansätze zum Tragen, welche wirtschaftliche Mittel, sowie Prestige und gegenseitige Interaktion beinhalten. Hierbei bedarf es nach meiner Ansicht einer Kooperation von Akteuren, da wirtschaftliche und diplomatische Mittel einem hohen Wandel unterliegen, welcher nur durch Kooperation bewältigt werden kann. Kein Staat kann es sich leisten nicht zu kooperieren, da andere Staaten durch eine Kooperation untereinander Vorteile für sich ziehen können, was zur

---

10 Schörnig, S. 81-84
11 Marx, S. 150-158

Veränderung ihrer Machtpositionen im internationalem System führt.
Außenstehende Staaten müssen somit kooperieren, um nicht abgehängt zu werden.

4. Literaturverzeichnis:

- Marx, Johannes, 2006, Vielfalt oder Einheit der Theorien in den InternationalenBeziehungen, Baden- Baden, Nomos Verlagsgesellschaft, S. 144-158

- Riemer, Andrea, 2006, Theorien internationaler Beziehungen und neue methodische Ansätze, Frankfurt am Main, Europäischer Verlag der Wissenschaften, S. 56-57

- Schörnig, Niklas, 2006, internationale Politik aus Neorealistischer Perspektive, Schieder, Spindler (Hrsg.), in: Theorien der Internationalen Beziehungen, 2. Auflage, Verlag Barbara Budrich, Opladen & Farmington Hills, S. 76-84

BEI GRIN MACHT SICH IHR WISSEN BEZAHLT

- Wir veröffentlichen Ihre Hausarbeit,
  Bachelor- und Masterarbeit

- Ihr eigenes eBook und Buch -
  weltweit in allen wichtigen Shops

- Verdienen Sie an jedem Verkauf

Jetzt bei www.GRIN.com hochladen
und kostenlos publizieren